Amelia Waseliev

LOW CARB

Schlank ohne Kohlenhydrate

Fotos von Beatriz da Costa

INHALT

Einleitung	6
Das persönliche Maß	8
Einkaufstipps	9
Die richtigen Kohlenhydrate	10
Menüplaner	12

Frühstück 14

Apfel-Leinsamen-Muffins	16
Wassermelonen-Smoothie	18
Rhabarber-Erdbeer-Joghurt	20
Frühstückssalat	22
Grüne Smoothie-Bowl	24
Acai-Smoothie-Bowl	26
Chia-Birchermüsli	28
Gebackene Eier mit Chorizo	30
Quinoa-Gemüse-Schale	32
Ricotta-Törtchen mit Pfirsich	34
Eier Benedict mit Lachs	36
Muffins mit Speck und Ei	38
Frühstücks-Frittata	40
Knuspermüsli ohne Getreide	42

Mittags 44

Quinoa-Sushi	46
Süßkartoffel-Toast	48
Wassermelonensalat	50
Bresaola mit Fenchel & Orange	52
Rosenkohlsalat	54
Hühnersuppe	56
Roastbeef-Röllchen	58
Schneller Thunfischsalat	60
Bunte Gemüsesuppe	62
Gefüllte Aubergine	64
Möhrennudeln mit Tomaten	66
Restesalat	68
Grüner Salat mit Halloumi	70
Köfte vom Spieß	72
Schwarzkohl mit Mozzarella	74
Hackfleischbällchen	76

Abends	78	Snacks	124
Shirataki-Nudelpfanne	80	Eingelegtes Gemüse	126
Zucchini-Carbonara	82	Melone mit Schinken	128
Schwarzkohl-Fenchel-Salat	84	Beef Jerky	130
Hähnchenkeulen mit Bohnen	86	Forellenterrine	132
Knusprige Ente mit Gemüse	88	Gurkenschiffchen mit Ente	134
Brathähnchen mit Babygemüse	90	Grüne Sauce	136
Geschmorte Lammkeule	92	Schoko-Kokos-Makronen	138
Dorade mit Rahmspinat	94	Marinierter Feta	140
Fajitas mit saurem Gemüse	96	Honig-Nuss-Riegel	142
Hähnchentopf	98	Apfel-Frucht-Streifen	144
Kräuterbraten mit Kürbis	100	Zaziki	146
Blumenkohl-Pizza	102	Chia-Chili-Cracker	148
Lachs mit Soba-Nudeln	104	Pikante Seetang-Chips	150
Kreolischer Lachs mit Ananas	106	Würzige Edamame-Bohnen	152
Roastbeef mit Meerrettich	108	Pikante Tofu-Sticks	154
Hähnchen-Schinken-Päckchen	110	Baba Ganoush mit Paprika	156
Spareribs mit Selleriesalat	112		
Gegrillte Garnelenspieße	114	Register	158
Lammkoteletts mit Zucchini	116		
Schnelle Gemüsepfanne	118		
Auberginen-Spinat-Auflauf	120		
Rinderschmortopf	122		

EINLEITUNG

Was ist Low Carb eigentlich?

Low Carb ist eine Ernährungsform, bei der die Zufuhr von Kohlenhydraten bewusst gering gehalten wird. Unter Kohlenhydraten versteht man alle Zucker-, Stärke- und Faserstoffe in Obst, Gemüse, Getreide und Milchprodukten. In jeder Gruppe gibt es Lebensmittel mit höherem und niedrigerem Kohlenhydratgehalt. Die Low-Carb-Ernährung verzichtet auf Lebensmittel mit hohem Kohlenhydratgehalt – also auf Getreide, Zucker, stärkehaltiges Gemüse und Obst mit hohem Fruchtzuckergehalt. Bevorzugt werden stattdessen proteinreiche Lebensmittel wie Fleisch, die wenig Kohlenhydrate enthalten.

Eine kohlenhydratarme Ernährung ist unkompliziert, doch helfen dabei einige Grundkenntnisse über Kohlenhydrate. So wissen Sie, welche Lebensmittel Sie besser meiden und welche Sie bedenkenlos verzehren können (s. S. 10–11). Auf den folgenden Seiten erfahren Sie alle wichtigen Basics. Mit diesem Wissen entwickeln Sie schnell Ideen für einen neuen Speiseplan und können die Low-Carb-Ernährung problemlos in Ihrem Alltag umsetzen.

Warum Low Carb?

Der Umstieg auf eine kohlenhydratarme Ernährung ist nicht schwierig. Wer auf Kohlenhydrate verzichten will, findet im Handel bereits viele Fertigprodukte und Gerichte. Selbst Restaurants stellen sich allmählich um. Wissenschaftler, Küchenchefs und Prominente haben die Vorteile einer kohlenhydratarmen Ernährung bereits erkannt und geben ihr Wissen gerne weiter.

Vorteile einer kohlenhydratarmen Ernährung

- schnelle Gewichtsabnahme
- geringeres Hungergefühl
- Regulierung von Insulin- und Blutzuckerspiegel
- verbesserte kognitive Leistung
- geringeres Risiko für Herzerkrankungen
- geringeres Risiko für bestimmte Krebsarten
- niedrigerer Cholesterinspiegel
- niedrigerer Blutdruck

DAS PERSÖNLICHE MASS

Wie bei allen Änderungen des Lebensstils darf auch bei Low Carb die Ausgewogenheit nicht verloren gehen. Die gesundheitlichen Vorteile einer kohlenhydratarmen Ernährung sind zwar erwiesen, aber wie gering darf die Kohlenhydratmenge eigentlich sein? Und warum nicht gleich *ganz* auf Kohlenhydrate verzichten? Für die ideale individuelle Kohlenhydratzufuhr gibt es keine Faustregel. Das muss jeder selbst für sich entscheiden.

Im Zusammenhang mit Low Carb fällt immer wieder das Stichwort ketogene Ernährung. Diese bezieht sich auf die Ketose, einen normalen Stoffwechselprozess. Er setzt ein, wenn der Körper nicht genügend Kohlenhydrate zur Energiegewinnung bekommt und stattdessen auf seine Fettreserven zurückgreift. Dadurch kommt es zu einer schnellen Gewichtsabnahme. Und genau das ist für viele Menschen der Hauptgrund, es einmal mit kohlenhydratarmer Kost zu versuchen. Bei einem gesunden Menschen setzt die Ketose ein, nachdem dem Körper 3–4 Tage lang weniger als 50 g Kohlenhydrate zugeführt wurden. Dabei gibt es jedoch individuelle Unterschiede.

Was bewirken Kohlenhydrate?

Obwohl die Vorteile einer kohlenhydratreduzierten Ernährung nachgewiesen sind, haben Kohlenhydrate eine wichtige Funktion für den menschlichen Organismus: Sie liefern Energie, die für die Muskelfunktion, das zentrale Nervensystem und die Gehirnfunktion benötigt wird. Außerdem verhindern sie, dass der Körper wertvolle Proteine als Energiequelle nutzt. Deshalb kann es sogar schädlich sein, ganz auf sie zu verzichten.

Wissenschaftliche Untersuchungen legen nahe, dass auch bei kohlenhydratarmer Ernährung eine Zufuhr von 50–150 g Kohlenhydraten pro Tag sinnvoll ist. Wer Gewicht verlieren möchte, kann die Menge für einen gewissen Zeitraum auf weniger als 50 g reduzieren. Nach einigen Wochen sollten Sie die Menge jedoch wieder erhöhen und auch während der »Minimalphase« müssen Sie darauf achten, täglich gesunde Kohlenhydrate (s. S. 11) zu essen.

EINKAUFSTIPPS

Eine kohlenhydratarme Ernährung basiert zu einem großen Teil auf frischen Zutaten: proteinreicher Fisch und Fleisch sowie Gemüse. Achten Sie unbedingt darauf, sich abwechslungsreich zu ernähren. Es wäre ein Fehler (und wenig genussreich), immer wieder dieselben zwei oder drei Gerichte zu essen.

Erst lesen, dann in den Korb legen

Sicherlich werden Sie manche Zutaten auch weiterhin in Ihrem Vorrat haben wollen. Lesen Sie das Kleingedruckte auf der Umverpackung, um sich über den Kohlenhydratgehalt zu informieren. Falls er pro 100 g oder pro empfohlener Portionsgröße angegeben ist, müssen Sie diesen Wert eventuell auf die von Ihnen verwendete Menge umrechnen (siehe unten). Wenn Sie sich erst einmal mit den Nährwertangaben beschäftigen, werden Sie Produkte mit zu hohem Kohlenhydratgehalt schnell erkennen.

Ob raffiniert oder unraffiniert, Zucker zählt in jeder Form zu den kohlenhydratreichen Lebensmitteln – ebenso wie Ahornsirup und Honig. Dennoch verwenden wir Honig für einige unserer Gerichte. Wird nämlich ein kohlenhydratarmes Gericht für mehrere Personen mit 1–2 EL Honig gesüßt, ist die Menge für die einzelne Portion relativ gering. Die meisten anderen natürlichen Süßungsmittel sind ebenfalls reich an Kohlenhydraten. Am besten wäre es, ganz auf sie zu verzichten. Wenn Ihnen das schwer fällt, versuchen Sie es mit Stevia. Dieser pflanzliche Süßstoff hat einen niedrigen Kohlenhydratgehalt und kommt auch bei einigen unserer Gerichte zum Einsatz.

NÄHRWERTE

PORTIONSGRÖSSE 85 G
ANGABEN PRO PORTION

Kalorien 230		% Tagesdosis
Fett	15 g	24%
gesättigte Fettsäuren	6 g	28%
Transfettsäuren	4 g	
Cholesterin	40 mg	13%
Natrium	85 mg	4%
Kohlenhydrate	**14 g**	**5%**
Ballaststoffe	**3 g**	**10%**
Zucker	**9 g**	
Proteine	10 g	

DIE RICHTIGEN KOHLENHYDRATE

Zu einer ausgewogenen Ernährung gehören auch Kohlenhydrate. Doch leider sind nicht alle gesund.

Ungesunde Kohlenhydrate – Finger weg!

Fertigprodukte – Frisch ist immer am besten. Fast alle Fertigprodukte enthalten ungesunde Stoffe wie Zucker, Geschmacksverstärker, Farbstoffe, Konservierungsmittel oder andere chemische Zusatzstoffe.

Fast Food – Fast Food hat einen hohen Stärkegehalt und ist oft frittiert, also sehr fettreich. Es enthält meist Zucker und Transfette, die man besser meiden sollte. Wenn Sie unbedingt Fast Food essen wollen, wählen Sie etwas ohne Weizen.

gezuckerte Produkte – Zucker besteht aus nichts als Kohlenhydraten. Süßigkeiten, Erfrischungsgetränke, Konfitüre und Schokoladen-Brotaufstrich haben in einer Low-Carb-Ernährung keinen Platz, ebenso wenig wie reine Fruchtsäfte.

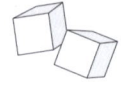
Low-Fat-Produkte – Isst man sie im Rahmen einer kohlenhydratarmen Ernährung, werden dem Körper vorwiegend Proteine zugeführt. Das genügt jedoch nicht für eine ausgewogene Ernährung. Zudem enthalten Low-Fat-Produkte oft versteckten Zucker.

Getreide – Vor allem glutenhaltige Getreidearten sind reich an Kohlenhydraten. Meiden Sie alle Weizenprodukte wie Brot, Nudeln, Frühstückscerealien und Gebäck sowie Reis.

Mais – Es ist erstaunlich, wie viele Produkte Mais in irgendeiner Form enthalten. Frischer Mais und Produkte wie Maisgrieß, Speisestärke, Öl, Sirup und Süßungsmittel aus Mais sind reich an Kohlenhydraten. Meiden Sie diese besser.

Kartoffeln – Besonders die Wurzelgemüse Kartoffeln und Pastinaken enthalten viel Stärke und haben einen hohen glykämischen Index (GI). Das heißt, ihre Kohlenhydrate werden schnell in Zucker umgewandelt und ins Blut geschwemmt.

Trockenfrüchte – Weil sie kaum Wasser enthalten, ist der Zuckergehalt umso konzentrierter. Alle Trockenfrüchte sind reich an Zucker, also an Kohlenhydraten.

Maßvoll genießen

Hülsenfrüchte – Getrocknete Bohnen, Erbsen, Linsen und Kichererbsen sind proteinreich. Das ist von Vorteil, doch leider sind sie auch reich an Kohlenhydraten.

Wurzelgemüse – Rüben, Knollensellerie, Möhren, Rote Bete und Süßkartoffeln haben einen relativ geringen Kohlenhydratgehalt und können gelegentlich verzehrt werden.

Würzzutaten – Senf, Currypasten und manche Saucen können kohlenhydratarm sein, andere Würzzutaten enthalten viel Zucker. Lesen Sie unbedingt die Angaben auf der Packung!

zuckerreiche Früchte – Kirschen, Bananen, Feigen und Weintrauben enthalten zwar keine ungesunden Zusatzstoffe, aber viel natürlichen Fruchtzucker.

Alkohol – Schnäpse wie Wodka, Gin oder Whisky sind relativ kohlenhydratarm, ebenso wie Wein. Bier und Mixgetränke mit zuckerhaltigen Zutaten sollten Sie dagegen möglichst meiden.

Bitte zugreifen!

Fleisch und Fisch – Fleisch, Fisch und Meeresfrüchte sind reich an Proteinen und enthalten keine Kohlenhydrate. Essen Sie im Rahmen einer Low-Carb-Ernährung davon, so viel Sie mögen.

Eier – Proteinreich und kohlenhydratarm. Sehr zu empfehlen.

Gemüse – Die meisten oberirdisch wachsenden Gemüsearten haben einen mittleren Kohlenhydratgehalt. Spinat, Grünkohl, Salat, Kräuter, grüne Bohnen und Spargel sind empfehlenswert, weil sie relativ wenig Kohlenhydrate enthalten.

Milchprodukte – Sahne, Ricotta, Mozzarella, saure Sahne, Butter, Milch, Parmesan … Fette gehören unbedingt zu einer kohlenhydratarmen Ernährung.

Nüsse & Samen – Mandeln, Pekannüsse, Paranüsse, Kürbiskerne, Leinsamen, Sesam … sie alle enthalten wertvolle Fette, Proteine, Vitamine und Mineralstoffe. Eine kleine Handvoll davon ist eine gesunde Zwischenmahlzeit.

Beeren – Brombeeren, Himbeeren und Cranberrys enthalten relativ wenig Zucker, sind aber reich an gesunden Antioxidantien und Phytonährstoffen.

MENÜPLANER

Wer auf Low Carb umsteigen möchte, um einige Kilos zu verlieren, muss die Kohlenhydratzufuhr deutlich reduzieren. Erst dann setzt die Ketose ein, und der Körper verbrennt Fett zur Energiegewinnung. So purzeln die Pfunde schnell. Unsere Tagespläne sind so berechnet, dass Sie pro Tag weniger als 50 g Kohlenhydrate zu sich nehmen. Je nachdem, wie Sie sich fühlen, können Sie die Menge aber variieren. Die Menüpläne helfen Ihnen bei der Ernährungsumstellung. Sie zeigen aber auch, dass eine kohlenhydratarme Kost sehr abwechslungsreich sein kann und nicht nach Verzicht schmecken muss.

Woche 1

Tag 1
Frühstück: Gebackene Eier mit Chorizo (s. S. 30)
Mittags: Hühnersuppe (s. S. 56)
Snack: Würzige Edamame-Bohnen (s. S. 152)
Abends: Hähnchenkeulen mit Bohnen (s. S. 86)

Tag 2
Frühstück: Frühstückssalat (s. S. 22)
Mittags: Rosenkohlsalat (s. S. 54)
Snack: Zaziki (s. S. 146) mit Sellerie
Abends: Shirataki-Nudelpfanne (s. S. 80)

Tag 3
Frühstück: Wassermelonen-Smoothie (s. S. 18)
Mittags: Möhrennudeln mit Tomaten (s. S. 66)
Snack: Schoko-Kokos-Makronen (s. S. 138)
Abends: Roastbeef mit Meerrettich (s. S. 108)

Tag 4
Frühstück: Frühstückssalat (s. S. 22)
Mittags: Roastbeef-Röllchen (s. S. 58)
Snack: Apfel-Frucht-Streifen (s. S. 144)
Abends: Lachs mit Soba-Nudeln (s. S. 104)

Tag 5
Frühstück: Apfel-Leinsamen-Muffins (s. S. 16)
Mittags: Quinoa-Sushi (s. S. 46)
Snack: Beef Jerky (s. S. 130)
Abends: Gegrillte Garnelenspieße (s. S. 114)

Tag 6
Frühstück: Grüne Smoothie-Bowl (s. S. 24)
Mittags: Hackfleischbällchen (s. S. 76)
Snack: Honig-Nuss-Riegel (s. S. 142)
Abends: Brathähnchen mit Babygemüse (s. S. 90)

Tag 7
Frühstück: Ricotta-Törtchen mit Pfirsich (s. S. 34)
Mittags: Gefüllte Aubergine (s. S. 64)
Snack: Gurkenschiffchen mit Ente (s. S. 134)
Abends: Auberginen-Spinat-Auflauf (s. S. 120)

Woche 2

Tag 1

Frühstück: Chia-Birchermüsli (s. S. 28)
Mittags: Bresaola mit Fenchel & Orange (s. S. 52)
Snack: Pikante Seetang-Chips (s. S. 150)
Abends: Knusprige Ente mit Gemüse (s. S. 88)

Tag 2

Frühstück: Rhabarber-Erdbeer-Joghurt (s. S. 20)
Mittags: Grünkohl mit Mozzarella (s. S. 74)
Snack: Forellenterrine (s. S. 132)
Abends: Kräuterbraten mit Kürbis (s. S. 100)

Tag 3

Frühstück: Eier Benedict mit Lachs (s. S. 36)
Mittags: Restesalat (s. S. 68)
Snack: Chia-Chili-Cracker (s. S. 148)
Abends: Fajitas mit saurem Gemüse (s. S. 96)

Tag 4

Frühstück: Quinoa-Gemüse-Schale (s. S. 32)
Mittags: Köfte vom Spieß (s. S. 72)
Snack: Pikante Tofu-Sticks (s. S. 154)
Abends: Kreolischer Lachs mit Ananas (s. S. 106)

Tag 5

Frühstück: Knuspermüsli ohne Getreide (s. S. 42) mit griechischem Joghurt
Mittags: Süßkartoffel-Toast (s. S. 48)
Snack: Melone mit Schinken (s. S. 128)
Abends: Spareribs mit Selleriesalat (s. S. 112)

Tag 6

Frühstück: Frühstücks-Frittata (s. S. 40)
Mittags: Grüner Salat mit Halloumi (s. S. 70)
Snack: Baba Ganoush mit Paprika (s. S. 156)
Abends: Dorade mit Rahmspinat (s. S. 94)

Tag 7

Frühstück: Acai-Smoothie-Bowl (s. S. 26)
Mittags: Schneller Thunfischsalat (s. S. 60)
Snack: Marinierter Feta (s. S. 140)
Abends: Lammkoteletts mit Zucchini (s. S. 116)

FRÜHSTÜCK

Eier mit Speck sind ein Frühstücksklassiker – nebenbei bemerkt enthält diese Kombination auch nur sehr wenig Kohlenhydrate. Wer aber morgens keine Zeit dafür hat, findet auf den folgenden Seiten viele andere Frühstücksideen: Chia-Birchermüsli, Apfel-Leinsamen-Muffins und erfrischende Smoothies lassen sich gut vorbereiten oder sind im Nu fertig.

Apfel-Leinsamen-Muffins
Wassermelonen-Smoothie
Rhabarber-Erdbeer-Joghurt • Frühstückssalat
Grüne Smoothie-Bowl • Acai-Smoothie-Bowl
Chia-Birchermüsli • Gebackene Eier mit Chorizo
Quinoa-Gemüse-Schale • Ricotta-Törtchen
mit Pfirsich • Eier Benedict mit Lachs
Muffins mit Speck und Ei • Frühstücks-Frittata
Knuspermüsli ohne Getreide

APFEL-LEINSAMEN-MUFFINS

Ergibt 6 Stück – Zubereitung: 10 Minuten, plus 25 Minuten Backen

ZUTATEN
30 g Kokosmehl • 30 g geschrotete Leinsamen • 50 g gemahlene Mandeln
½ TL Backpulver • 5 g Stevia • 75 g Butter, zerlassen • 2 Eier, leicht verquirlt
2 EL Joghurt • 1 TL Vanilleextrakt oder Mark von ½ Vanilleschote
1 Apfel, geschält und gewürfelt • 25 g Walnusskerne, gehackt
AUSSERDEM: 6er-Muffinform • Butter für die Form

Ⓚ *Kohlenhydrate: 5,84 g pro Muffin*

Den Backofen auf 160 °C vorheizen, die Form fetten und mit Backpapier-Quadraten auslegen. Mehl, Leinsamen, Mandeln, Backpulver und Stevia in einer Schüssel mischen. Butter, Eier, Joghurt und Vanille verquirlen und unter die Mehlmischung rühren. Den Apfel unterheben. Den Teig in die Form füllen, mit Nüssen bestreuen und im Ofen in 25 Minuten goldbraun backen.

WASSERMELONEN-SMOOTHIE

Für 1 Person – Zubereitung: 5 Minuten

ZUTATEN

200 g Wassermelone, tiefgefroren • 1 EL Proteinpulver Vanille

50 g griechischer Joghurt

K *Kohlenhydrate: 21,8 g pro Portion*

Melone, Proteinpulver und Joghurt im Mixer cremig pürieren.
Den Smoothie in ein Glas füllen und servieren.

RHABARBER-ERDBEER-JOGHURT

Für 2 Personen — Zubereitung: 5 Minuten, plus 30 Minuten Garen

ZUTATEN
100 g Rhabarber, in Stücke geschnitten • 50 g Erdbeeren
1 EL Proteinpulver Vanille • Saft von 1 Orange
2 EL Mandelblättchen (25 g) • 250 g griechischer Joghurt

Ⓚ *Kohlenhydrate: 17 g pro Portion*

Den Backofen auf 180 °C vorheizen. Rhabarber, Erdbeeren, Proteinpulver und Orangensaft in einer Auflaufform verrühren. Im Ofen 20–30 Minuten garen, bis der Rhabarber weich ist. Die Mandeln ebenfalls 5–6 Minuten im Ofen rösten. 125 g Joghurt in zwei Gläser verteilen. Das Fruchtkompott und den restlichen Joghurt (125 g) daraufschichten. Mit den Röstmandeln bestreuen.

FRÜHSTÜCKSSALAT

Für 2 Personen – Zubereitung: 15 Minuten, plus 30 Minuten Garen

ZUTATEN

½ Kürbis, in Würfel geschnitten • 2 EL Olivenöl • Salz
2 EL Kürbiskerne • 2 EL Sesamsamen • 1 EL Dukkah (ägypt. Würzmischung)
4 dicke Scheiben Frühstücksspeck (Bacon) • 100 g gemischter Blattsalat
Saft von 1 ½ Zitronen • 2 Eier

ⓚ *Kohlenhydrate: 12,45 g pro Portion*

Den Backofen auf 180 °C vorheizen. Kürbis, 1 EL Öl und Salz nach Geschmack mischen. Die Würfel im Ofen 20–30 Minuten garen, bis die Ränder bräunen. Kerne, Samen und Dukkah mischen und im Ofen 5–6 Minuten rösten. Den Speck in einer Pfanne braten, dann in Stücke schneiden. Kürbis, Kernemix, Speck und Salat mischen. Mit dem restlichen Öl (1 EL) und Zitronensaft beträufeln. Die Eier in köchelndem Wasser 3 Minuten pochieren, auf dem Salat anrichten.

GRÜNE SMOOTHIE-BOWL

Für 1 Person – Zubereitung: 5 Minuten

ZUTATEN

80 g Blattspinat (TK) • 2 EL griechischer Joghurt
80 g Mangowürfel (TK) • 100 ml Kokoswasser
1 EL Chiasamen • 1 EL Kokoschips • 2 Erdbeeren, in Stücke geschnitten

(K) *Kohlenhydrate: 27,04 g pro Portion*

Spinat, Joghurt, Mango und Kokoswasser im Mixer cremig pürieren.
Den Smoothie in ein Schälchen füllen. Chiasamen, Kokoschips
und Erdbeeren darauf anrichten.

ACAI-SMOOTHIE-BOWL

Für 1 Person – Zubereitung: 5 Minuten

ZUTATEN
1 Handvoll junger Blattspinat (TK) • 200 g Beerenmischung (TK)
250 ml Mandelmilch • 2 EL Acaipulver
2 EL Knuspermüsli ohne Getreide (s. S. 42) • 15 g Heidelbeeren

 *Kohlenhydrate: 29,22 g pro Portion*

Spinat, Beerenmischung, Mandelmilch und Acaipulver im Mixer cremig pürieren. Den Smoothie in ein Schälchen füllen und mit dem Knuspermüsli bestreuen. Die Heidelbeeren darauf anrichten.

CHIA-BIRCHERMÜSLI

Für 1 Person — Zubereitung: 5 Minuten, plus 1 Stunde Quellen

ZUTATEN

1 EL Samen-Kerne-Mix (Leinsamen, Sonnenblumenkerne, Mandeln), grob gemahlen • 1 EL Chiasamen • Saft von 1 Orange
1 EL Joghurt • ¼ Apfel, entkernt und in feine Streifen geschnitten
8–10 Heidelbeeren • 1 TL Kürbiskerne

K *Kohlenhydrate: 18,79 g pro Portion*

Samen-Kerne-Mix, Chiasamen und Orangensaft in einer kleinen Schüssel mischen. Das Müsli abgedeckt 1 Stunde oder über Nacht im Kühlschrank quellen lassen. Danach Joghurt, Apfel, Heidelbeeren und Kürbiskerne darauf anrichten und servieren.

GEBACKENE EIER MIT CHORIZO

Für 2 Personen — Zubereitung: 5 Minuten, plus 15 Minuten Garen

ZUTATEN

½ EL Olivenöl • ½ rote Zwiebel, fein gewürfelt • 200 g frische Chorizo, in dicke Scheiben geschnitten • 1 große Tomate, gewürfelt • 1 Handvoll junger Blattspinat ½ TL geräuchertes Paprikapulver • 1 EL Rotweinessig • 2 Eier • Salz • Pfeffer

K *Kohlenhydrate: 11,05 g pro Portion*

Den Backofen auf 180 °C vorheizen. Das Öl in einer ofenfesten Pfanne erhitzen und die Zwiebel darin bei mittlerer Hitze 2 Minuten anbraten. Die Chorizo zugeben und von beiden Seiten bräunen. Tomate, Spinat, Paprikapulver, Essig und 1 EL Wasser einrühren und alles einige Minuten köcheln lassen. Dann die Eier über das Gemüse schlagen, mit Salz und Pfeffer würzen und im Ofen 10–12 Minuten garen, bis das Eiweiß stockt.

QUINOA-GEMÜSE-SCHALE

Für 1 Person – Zubereitung: 5 Minuten, plus 15 Minuten Garen

ZUTATEN

40 g Quinoa • 1 dicke Scheibe Frühstücksspeck (Bacon)
50 g junger Brokkoli • 50 g grüne Bohnen
1 EL Olivenöl • 1 Handvoll Minzeblätter (5 g), grob gehackt
Salz • Pfeffer • 2 weich gekochte Eier, gepellt

K *Kohlenhydrate: 23,6 g pro Portion*

Quinoa und 125 ml Wasser in einem Topf aufkochen und bei schwacher Hitze 10–15 Minuten köcheln lassen, bis das Wasser aufgesogen und die Quinoa weich ist. Inzwischen den Speck grillen oder braten. Brokkoli und Bohnen im Dampf garen. Öl, Minze, Salz und Pfeffer zu einem Dressing verquirlen. Dressing, Quinoa und Gemüse mischen und in eine Schale füllen. Speck und Eier darauf anrichten und servieren.

RICOTTA-TÖRTCHEN MIT PFIRSICH

Ergibt 2 Stück — Zubereitung: 5 Minuten, plus 25 Minuten Backen

ZUTATEN

220 g Ricotta • 1 Ei • 1 TL Vanilleextrakt oder Mark von ½ Vanilleschote
1 TL abgeriebene Bio-Zitronenschale
10 g Butter • 1 Pfirsich, in Spalten geschnitten
AUSSERDEM: 6er-Muffinform • Butter für die Form

ⓚ *Kohlenhydrate: 8,94 g pro Törtchen*

Den Backofen auf 180 °C vorheizen, 2 Formmulden fetten. Ricotta, Ei, Vanille und Zitronenschale verrühren und hineinfüllen. Im Ofen 20–25 Minuten backen. Eine Pfanne stark erhitzen. Die Butter hineingeben und die Pfirsichspalten darin weich garen. Auf die Törtchen legen und warm servieren.

EIER BENEDICT MIT LACHS

Für 2 Personen — Zubereitung: 20 Minuten, plus 5 Minuten Garen

ZUTATEN

140 g Butter • 3 Eigelb • 1 EL Zitronensaft • 1 Prise Salz
1 Spritzer Rotweinessig • 4 Eier
20 g junger Blattspinat • 40 g Räucherlachs

Ⓚ *Kohlenhydrate: 3,9g pro Portion*

Die Butter bei schwacher Hitze zerlassen. Eigelbe, Zitronensaft und Salz mit dem Handrührgerät 20–30 Sekunden aufschlagen. Bei niedrigster Stufe langsam die flüssige Butter zugießen und weiterrühren, bis die Masse cremig ist. In einem Topf Wasser aufkochen, dann den Essig zugeben. Die Eier einzeln ins köchelnde Wasser gleiten lassen und 2–3 Minuten pochieren, sodass das Eigelb noch flüssig ist. Spinat und Lachs auf zwei Tellern anrichten, die pochierten Eier daraufsetzen und mit der Hollandaise überziehen.

MUFFINS MIT SPECK UND EI

Ergibt 6 Stück — Zubereitung: 5 Minuten, plus 20 Minuten Backen

ZUTATEN

6 Scheiben durchwachsener Speck • 6 Eier • 60 ml Milch
½ Bund Schnittknoblauch, gehackt • Salz • Pfeffer
AUSSERDEM: 6er-Muffinform • Butter für die Form

Ⓚ *Kohlenhydrate: 1,8 g pro Muffin*

Den Backofen auf 200 °C vorheizen. Die Form fetten und die Mulden mit Speckscheiben auslegen. Im Ofen 10 Minuten backen, bis der Speck knusprig braun ist. Eier, Milch und Schnittknoblauch in einer Schüssel verquirlen. Kräftig mit Salz und Pfeffer würzen und in die Mulden füllen. Im Ofen 7–8 Minuten weiterbacken, bis die Eiermasse stockt. Die Muffins aus der Form lösen und heiß servieren oder bis zu 4 Tage im Kühlschrank aufbewahren.

FRÜHSTÜCKS-FRITTATA

Für 2 Personen — Zubereitung: 5 Minuten, plus 15 Minuten Garen

ZUTATEN

5 Eier • 125 g Sahne • Salz • Pfeffer • 1 EL Olivenöl
8 Stangen grüner Spargel • 1 Handvoll Minzeblätter (5 g), zerpflückt
50 g junger Blattspinat • 100 g Feta

K *Kohlenhydrate: 16,3 g pro Portion*

Eier und Sahne verquirlen, kräftig mit Salz und Pfeffer würzen. Das Öl in einer Pfanne erhitzen, Spargel und Minze darin 1–2 Minuten braten. Spinat und 75 g Feta zufügen, die Eiermasse zugießen und mit dem restlichen Feta (25 g) bestreuen. Nochmals würzen und bei schwacher Hitze garen, bis die Eiermasse stockt. Inzwischen den Grill vorheizen. Die Frittata unter dem heißen Grill noch 1–2 Minuten überbacken, dann vierteln und heiß servieren.

KNUSPERMÜSLI OHNE GETREIDE

Ergibt 6 Portionen (à 40 g) — Zubereitung: 10 Minuten, plus 20 Minuten Rösten

ZUTATEN
50 g Mandeln, grob gehackt • 50 g Pekannüsse, grob gehackt
50 g Sonnenblumenkerne • 45 g gepuffter Amaranth • 45 g Sesamsamen
30 g Butter oder Kokosöl • 2 EL Honig • Salz

Ⓚ *Kohlenhydrate: 10,84 g pro Portion*

Den Backofen auf 180 °C vorheizen, ein Backblech mit Backpapier belegen. Mandeln, Nüsse, Kerne und Samen auf dem Blech mischen und im Ofen 5–7 Minuten rösten. Nach der Hälfte der Zeit wenden. Den Mix in eine Schüssel füllen. Butter und Honig in einem Topf schmelzen, dann unter den Nussmix rühren. Den Mix salzen, nochmals mischen und auf dem Blech verteilen. Den Ofen auf 150 °C schalten und das Müsli 15 Minuten rösten. Abkühlen lassen.

MITTAGS

Wer mittags eine ausgewogene Mahlzeit zu sich nimmt, braucht am Nachmittag keine Heißhungerattacken oder Süßgelüste zu befürchten. Zaubern Sie mit wenigen Handgriffen leckere Salate und Suppen oder probieren Sie Quinoa-Sushi und neue Toast-Varianten.

Quinoa-Sushi
Süßkartoffel-Toast • Wassermelonensalat
Bresaola mit Fenchel & Orange
Rosenkohlsalat • Hühnersuppe
Roastbeef-Röllchen • Schneller Thunfischsalat
Bunte Gemüsesuppe • Gefüllte Aubergine
Möhrennudeln mit Tomaten • Restesalat
Grüner Salat mit Halloumi • Köfte vom Spieß
Grünkohl mit Mozzarella • Hackfleischbällchen

QUINOA-SUSHI

Für 2 Personen – Zubereitung: 15 Minuten, plus 15 Minuten Garen und 30 Minuten Kühlen

ZUTATEN

80 g Quinoa • 250 ml Gemüsebrühe • 2 EL geröstete Sesamsamen
2 Nori-Blätter • ½ Gurke, in dünne Stifte geschnitten
½ mittelgroße Möhre, in dünne Stifte geschnitten
½ Avocado, quer in Scheiben geschnitten

Ⓚ *Kohlenhydrate: 16,68 g pro Portion*

Quinoa und Brühe in einem Topf aufkochen und bei schwacher Hitze 10–15 Minuten köcheln lassen, bis die Brühe aufgesogen ist. Abkühlen lassen und 1 EL Sesam unterrühren. 1 Nori-Blatt zu drei Vierteln mit der Hälfte der Quinoa bestreichen, dann die Hälfte der Gemüsestifte am bestrichenen Ende auflegen. Das Blatt fest aufrollen, das freie Ende mit Wasser befeuchten und festkleben. Die zweite Rolle ebenso formen. Die Rollen 30 Minuten kühlen. Danach in je 6 Stücke schneiden und mit dem restlichen Sesam (1 EL) bestreuen.

SÜSSKARTOFFEL-TOAST

Für 1 Person – Zubereitung: 10 Minuten

ZUTATEN

100 g Süßkartoffel (längs in 2 Scheiben geschnitten, je 5 mm dick)
185 g Thunfisch (aus der Dose), abgetropft • 1 EL Mayonnaise
10 g Schnittlauch, gehackt • 1 EL Kapern • Salz • Pfeffer
½ Avocado, quer in Scheiben geschnitten • Olivenöl zum Beträufeln

K *Kohlenhydrate: 18,6 g pro Portion*

Die Süßkartoffelscheiben im Toaster drei- bis viermal toasten, bis beide Seiten gebräunt sind. Inzwischen in einer Schüssel Thunfisch, Mayonnaise, Schnittlauch und Kapern verrühren. Mit Salz und Pfeffer würzen. Die gerösteten Süßkartoffelscheiben mit Avocado und Thunfischsalat belegen, mit Salz und Pfeffer bestreuen und mit Olivenöl beträufeln.

WASSERMELONENSALAT

Für 2 Personen – Zubereitung: 5 Minuten

ZUTATEN

300 g Wassermelone, in Würfel geschnitten

1 große Fleischtomate (180 g), geviertelt

1 Handvoll Basilikumblätter (5 g), zerpflückt • 1 Handvoll Minzeblätter (5 g)

100 g Feta • natives Olivenöl extra zum Beträufeln • Meersalzflocken

Ⓚ *Kohlenhydrate: 16,48 g pro Portion*

Melone, Tomate, Basilikum und Minze auf zwei Tellern anrichten. Den Feta darüberbröseln. Den Salat mit Olivenöl beträufeln und mit Meersalzflocken bestreuen.

BRESAOLA MIT FENCHEL & ORANGE

Für 2 Personen — Zubereitung: 5 Minuten

ZUTATEN
300 g Bresaola (luftgetrockneter Rinderschinken), in dünnen Scheiben
½ Fenchelknolle, in dünne Scheiben gehobelt, das Grün gehackt
40 g Rucola • 1 Orange, Fruchtfilets herausgelöst • 40 g Parmesan, gehobelt
Salz • Olivenöl zum Beträufeln

ⓚ *Kohlenhydrate: 8,95 g pro Portion*

Den Bresaola auf einer Servierplatte auslegen. Fenchel, Rucola, Orangenfilets und Parmesanspäne darauf anrichten. Den Salat salzen und mit etwas Olivenöl beträufeln.

ROSENKOHLSALAT

Für 2 Personen – Zubereitung: 10 Minuten, plus 5 Minuten Garen

ZUTATEN

1 dicke Scheibe Frühstücksspeck (Bacon), in Streifen geschnitten

200 g Rosenkohl, in dünne Scheiben gehobelt

30 g Walnusskerne, grob gehackt • 2 EL saure Sahne (18 % Fett oder Schmand)

1 TL körniger Senf • 2 TL Rotweinessig • Salz • Pfeffer

Ⓚ *Kohlenhydrate: 11,43 g pro Portion*

Den Speck in einer Pfanne knusprig goldbraun braten. Dann mit Rosenkohl und Walnüssen in einer Schüssel mischen. Saure Sahne, Senf und Essig zu einem Dressing verquirlen. Das Dressing mit Salz und Pfeffer abschmecken und kurz vor dem Servieren über den Salat träufeln.

HÜHNERSUPPE

Für 4 Personen – Zubereitung: 5 Minuten, plus 30 Minuten Garen

ZUTATEN

1 EL Olivenöl • 1 Stück Ingwer (2,5 cm), geschält und gerieben
2 Knoblauchzehen, gerieben • 4–6 Hähnchenkeulen
100 g gemischte Pilze, in Scheiben geschnitten • 1 l Hühnerbrühe
Salz • Pfeffer • 1 EL Sojasauce • 10 g Koriandergrün
3 Frühlingszwiebeln, in dünne Ringe geschnitten

K *Kohlenhydrate: 5,14 g pro Portion*

Das Öl in einem großen Topf erhitzen. Ingwer und Knoblauch darin 1–2 Minuten anbraten. Das Fleisch zugeben und unter Rühren rundum bräunen. Die Pilze 2–3 Minuten mitbraten. Die Brühe dazugießen und mit Salz und Pfeffer würzen. Aufkochen und 15 Minuten köcheln lassen, bis das Fleisch gar ist. Das Fleisch herausnehmen und mit zwei Gabeln vom Knochen lösen. Fleischstücke, Sojasauce, Koriander und Frühlingszwiebeln in die Suppe rühren und servieren.

ROASTBEEF-RÖLLCHEN

Für 2 Personen – Zubereitung: 2 Minuten

ZUTATEN
4–6 Scheiben Roastbeef-Aufschnitt • 15 g Frischkäse • 2 TL Senf
15 g Rucola • ½ grüne Paprikaschote, in Streifen geschnitten

K *Kohlenhydrate: 2,25 g pro Portion*

Die Roastbeefscheiben auf der Arbeitsfläche ausbreiten und mit Frischkäse und Senf bestreichen. Mit Rucola und Paprika belegen, aufrollen und servieren. Die Röllchen schmecken auch mit anderen Kräutern und Gemüse.

SCHNELLER THUNFISCHSALAT

Für 2 Personen – Zubereitung: 10 Minuten

ZUTATEN

170 g Thunfisch (aus der Dose), abgetropft • 100 g Ziegenkäse
1 Stange Staudensellerie, in kleine Stücke geschnitten
1 kleine Gurke, in Würfel geschnitten • 10 g glatte Petersilie, Blätter abgezupft
45 g Granatapfelkerne • Saft von 1 Limette • Olivenöl (nach Belieben)

K *Kohlenhydrate: 10,35 g pro Portion*

Thunfisch, Käse, Sellerie, Gurke, Petersilie, Granatapfelkerne und Limettensaft in einer Schüssel mischen. Den Salat nach Belieben mit Olivenöl beträufeln und servieren.

BUNTE GEMÜSESUPPE

Für 2 Personen — Zubereitung: 5 Minuten, plus 20 Minuten Garen

ZUTATEN

1 EL Olivenöl • 1 kleine Zwiebel, gewürfelt • 2 Knoblauchzehen, fein gewürfelt
1 mittelgroße Möhre, längs geviertelt und in Scheiben geschnitten
1 Stange Staudensellerie, grob gewürfelt • 750 ml Gemüsebrühe
Salz • Pfeffer • ½ mittelgroße Zucchini, in dünne Scheiben geschnitten
1 großes Spinatblatt, grob gehackt

K *Kohlenhydrate: 14,2 g pro Portion*

Das Öl in einem Topf erhitzen. Zwiebel und Knoblauch darin einige Minuten anbraten. Möhre und Sellerie unter Rühren 2 Minuten mitbraten. Die Brühe dazugießen, aufkochen und 5 Minuten köcheln lassen. Kräftig mit Salz und Pfeffer würzen. Zucchini und Spinat zufügen und 2 Minuten mitköcheln lassen, bis der Spinat zusammenfällt. Heiß servieren.

GEFÜLLTE AUBERGINE

Für 2 Personen − Zubereitung: 15 Minuten, plus 25 Minuten Garen

ZUTATEN

1 mittelgroße Aubergine (am besten rund)

1 EL Olivenöl • 1 kleine Zwiebel, gewürfelt • 250 g Rinderhackfleisch

125 ml passierte Tomaten (aus der Packung) • 10 g glatte Petersilie, gehackt

Salz • Pfeffer • 35 g Parmesan, gerieben

 *Kohlenhydrate: 16,48 g pro Portion*

Den Backofen auf 180 °C vorheizen. Die Aubergine halbieren und die Hälften bis auf einen 5 mm breiten Rand aushöhlen. Das Fruchtfleisch würfeln. Das Öl in einer Pfanne erhitzen und die Zwiebel darin 3–4 Minuten anbraten. Das Fleisch zugeben und bräunen. Fruchtfleisch, Tomaten, Petersilie, Salz und Pfeffer einrühren und 5 Minuten garen. Die Masse in die Auberginenhälften füllen, mit Parmesan bestreuen und im Ofen 20 Minuten überbacken.

MÖHRENNUDELN MIT TOMATEN

Für 1 Person – Zubereitung: 10 Minuten

ZUTATEN
1 mittelgroße Tomate • 1 Knoblauchzehe
1 große Möhre • 1 EL Olivenöl • 6–8 Basilikumblätter

K *Kohlenhydrate: 12,9g pro Portion*

Tomate und Knoblauch im Mixer fein pürieren. Die Möhre mit einem Sparschäler oder Spiralschneider längs in dünne Streifen schneiden. Das Öl in einer Pfanne erhitzen und die Möhre darin bei starker Hitze 1–2 Minuten garen. In eine Schale füllen. Das Tomatenpüree in die Pfanne gießen und erhitzen. Über die Möhrennudeln gießen und mit Basilikum bestreuen.

RESTESALAT

Für 2 Personen – Zubereitung: 10 Minuten

ZUTATEN

50 g Mayonnaise • 1 Knoblauchzehe, fein gewürfelt • Saft von ½ Zitrone • Salz
100 g Chinakohl • 2 Blätter Schwarzkohl (35 g), Stiele entfernt
1 Avocado, geschält, entsteint und gewürfelt
250 g Bratenreste (z. B. vom Kräuterbraten, s. S. 100), gewürfelt

Ⓚ *Kohlenhydrate: 11,51 g pro Portion*

Mayonnaise, Knoblauch, Zitronensaft und 2 EL Wasser zu einem Dressing verrühren. Mit Salz abschmecken. China- und Schwarzkohl in schmale Streifen schneiden. Kohlstreifen, Avocado und Fleisch in eine Servierschüssel geben. Das Dressing darüberträufeln und alles behutsam mischen.

GRÜNER SALAT MIT HALLOUMI

Für 2 Personen — Zubereitung: 5 Minuten, plus 10 Minuten Garen

ZUTATEN
50 g Brokkoliröschen • 4–6 Scheiben Halloumi
1 EL Apfelessig • 2 EL Olivenöl • Salz • Pfeffer
60 g junges Blattgemüse (Spinat, Grünkohl, Rucola) • ½ Zucchini, geraspelt
½ Avocado, quer in Scheiben geschnitten • 20 g Pinienkerne, geröstet

K *Kohlenhydrate: 10,07 g pro Portion*

Den Brokkoli im Dampf bissfest garen. Inzwischen eine Pfanne erhitzen und den Halloumi darin von jeder Seite etwa 4 Minuten goldbraun braten. Essig, Öl, Salz und Pfeffer zu einem Dressing verquirlen. Blattgemüse, Zucchini und Avocado auf zwei Schalen verteilen. Brokkoli und Halloumi darauf anrichten, mit dem Dressing beträufeln und mit Pinienkernen bestreut servieren.

KÖFTE VOM SPIESS

Für 2–4 Personen — Zubereitung: 10 Minuten, plus 10 Minuten Grillen

ZUTATEN

250 g Lammhackfleisch • 10 g Koriandergrün mit Stängeln
2 Frühlingszwiebeln • 2 Knoblauchzehen • ½ TL Paprikapulver
½ TL gemahlener Kreuzkümmel • 1 EL Olivenöl • 4 EL Zaziki (s. S. 146)
AUSSERDEM: 8 Bambusspieße, 30 Minuten in Wasser eingeweicht

K *Kohlenhydrate: 2,77 g pro Portion*

Hackfleisch, Koriander, Frühlingszwiebeln, Knoblauch und Gewürze im Mixer fein zerkleinern. Aus der Masse 8 längliche Bällchen formen und auf die Spieße ziehen. Den Grill oder eine große Pfanne erhitzen. Grillrost oder Pfanne einölen und die Spieße in 10 Minuten rundum braun grillen oder braten, dabei regelmäßig wenden. Dann auf ein Backblech legen, mit Alufolie abdecken und 5 Minuten ruhen lassen. Mit Zaziki servieren.

SCHWARZKOHL MIT MOZZARELLA

Für 2 Personen — Zubereitung: 5 Minuten, plus 10 Minuten Garen

ZUTATEN

1 Kugel Mozzarella (125 g), in dicke Scheiben geschnitten • 1 TL Olivenöl

150 g Schwarzkohl, Stiele entfernt und Blätter grob gehackt

100 g weiße Bohnen (aus der Dose) • 1 rote Chilischote, in Ringe geschnitten

Salz • Saft von ½ Zitrone

Ⓚ *Kohlenhydrate: 16,95 g pro Portion*

Den Mozzarella auf zwei Tellern auslegen. Das Öl in einer Pfanne erhitzen. Schwarzkohl, Bohnen und Chili hineingeben. Mit Salz würzen und mit Zitronensaft beträufeln. Das Gemüse garen, bis der Kohl zusammenfällt und weich ist. Das Gemüse auf dem Mozzarella anrichten und warm servieren.

HACKFLEISCHBÄLLCHEN

Ergibt 12–15 Stück – Zubereitung: 10 Minuten, plus 20 Minuten Garen

ZUTATEN

500 g Schweinehackfleisch • 1 rote Chilischote, gewürfelt
10 g Ingwer, geschält und gerieben • 2 TL Sesamöl
2 TL Sojasauce, plus mehr zum Dippen
10 g Koriandergrün, gehackt, plus mehr zum Servieren
1 Mini-Romanasalat, in Blätter zerteilt

K *Kohlenhydrate: 0,83 g pro Bällchen*

Hackfleisch, Chili, Ingwer, 1 TL Sesamöl, Sojasauce und Koriander in einer Schüssel vermischen. Von der Fleischmasse jeweils 1½ EL abnehmen und zu Bällchen formen. Das restliche Öl (1 TL) in einer Pfanne erhitzen. Die Bällchen darin portionsweise 10 Minuten braten, bis sie rundum gebräunt und durchgegart sind. Mit Salat und restlichem Koriander anrichten, mit Sojasauce servieren.

ABENDS

Ausgewogen und gut sättigend, aber nur wenig Kohlenhydrate – bei unseren Vorschlägen fürs Abendessen ist für jeden Geschmack etwas dabei. Die meisten Gerichte sind für eine oder zwei Personen berechnet. Sie finden hier aber auch Ideen für ein gemütliches Essen mit Gästen, zum Beispiel knuspriges Brathähnchen oder klassisches Roastbeef mit Meerrettichsahne.

Shirataki-Nudelpfanne • Zucchini-Carbonara
Grünkohl-Fenchel-Salat • Hähnchenkeulen mit Bohnen
Knusprige Ente mit Gemüse
Brathähnchen mit Babygemüse
Geschmorte Lammkeule • Dorade mit Rahmspinat
Fajitas mit saurem Gemüse • Hähnchentopf
Kräuterbraten mit Kürbis • Blumenkohl-Pizza
Lachs mit Soba-Nudeln • Kreolischer Lachs mit Ananas
Roastbeef mit Meerrettich
Hähnchen-Schinken-Päckchen
Spareribs mit Selleriesalat • Gegrillte Garnelenspieße
Lammkoteletts mit Zucchini
Schnelle Gemüsepfanne • Auberginen-Spinat-Auflauf
Rinderschmortopf

SHIRATAKI-NUDELPFANNE

Für 2 Personen — Zubereitung: 10 Minuten, plus 15 Minuten Garen

ZUTATEN

250 g Shirataki-Nudeln

2 Hähnchenkeulen ohne Haut, in Streifen geschnitten

20 g Ingwer, geschält und fein gehackt • ½ EL Honig • 1 EL Sojasauce

100 g Pak choi, in Streifen geschnitten • 1 EL schwarze Sesamsamen

Ⓚ *Kohlenhydrate: 8,8 g pro Portion*

Die Nudeln in einem Sieb kalt abspülen, in einer Schüssel mit Wasser bedecken und einweichen. Inzwischen einen Wok oder eine Pfanne stark erhitzen. Fleisch, Ingwer, Honig und Sojasauce hineingeben und unter Rühren braten, bis das Fleisch gar ist. Die Nudeln abgießen und abtropfen lassen. Nudeln, Pak choi und Sesam unter das Fleisch rühren und erwärmen. Heiß servieren.

ZUCCHINI-CARBONARA

Für 2 Personen — Zubereitung: 10 Minuten, plus 10 Minuten Garen

ZUTATEN

2 mittelgroße Zucchini • 1 EL Olivenöl

2 dicke Scheiben Frühstücksspeck (Bacon), in Streifen geschnitten

100 g kleine Champignons, in Scheiben geschnitten

1 kleine Zwiebel, gewürfelt • 175 g Sahne • 40 g Parmesan, gerieben • Salz

Kohlenhydrate: 14,49 g pro Portion

Die Zucchini mit einem Spiralschneider in lange, dünne Stifte schneiden. Das Öl in einer großen Pfanne erhitzen. Speck, Pilze und Zwiebel darin unter Rühren braten, bis der Speck knusprig und die Pilze gar sind. Die Sahne dazugießen, aufkochen und in 1–2 Minuten cremig einköcheln lassen. Die Zucchini und 20 g Parmesan zufügen. Salzen und unter Rühren erwärmen. Die Carbonara heiß mit dem restlichen Käse (20 g) zum Bestreuen servieren.

SCHWARZKOHL-FENCHEL-SALAT

Für 4 Personen — Zubereitung: 20 Minuten, plus 2 Stunden Garen

ZUTATEN

1 kg Schweinebauch, abgespült und abgetrocknet • Salz
1 rote Zwiebel, in dünne Ringe geschnitten
1 Birne, entkernt und in dünne Scheiben gehobelt
½ Fenchelknolle, in dünne Scheiben gehobelt • 100 g junger Schwarzkohl
50 g Macadamianüsse, grob gehackt • ½ EL Rotweinessig

Ⓚ *Kohlenhydrate: 11,25 g pro Portion*

Den Backofen auf 220 °C vorheizen. Die Schwarte des Schweinebauchs anritzen und mit Salz einreiben. Die Zwiebelringe in einem Bräter verteilen, das Fleisch mit der Schwarte nach oben darauflegen und im Ofen 20–30 Minuten garen. 1 EL Wasser zugeben, die Temperatur auf 190 °C reduzieren und das Fleisch weitergaren, bis es weich ist. 15–20 Minuten ruhen lassen, dann in 2–3 cm große Stücke schneiden. Birne, Fenchel, Schwarzkohl und Fleisch mischen. Zwiebelringe und Nüsse darauf verteilen und den Salat mit Bratfond und Essig beträufeln.

HÄHNCHENKEULEN MIT BOHNEN

Für 2 Personen — Zubereitung: 5 Minuten, plus 45 Minuten Garen

ZUTATEN
1 EL Olivenöl • ½ Zwiebel (75 g), gewürfelt
2 Knoblauchzehen, in Scheiben geschnitten • 2 Hähnchenkeulen mit Haut
1 EL Rotweinessig • 1 große Tomate, gewürfelt • Salz • Pfeffer
500 ml Hühnerbrühe • 2 EL Tomatenmark
1 Handvoll grüne Oliven (100 g) • 150 g grüne Bohnen

K *Kohlenhydrate: 21,72 g pro Portion*

Das Öl in einem großen Topf erhitzen, Zwiebel und Knoblauch darin einige Minuten anbraten. Das Fleisch zugeben und rundum braun anbraten. Essig und Tomate zufügen, mit Salz und Pfeffer würzen und 1–2 Minuten kochen lassen. Brühe, Tomatenmark und Oliven einrühren, aufkochen und abgedeckt 25–30 Minuten köcheln lassen. Inzwischen die Bohnen im Dampf garen und zu den Hähnchenkeulen servieren.

KNUSPRIGE ENTE MIT GEMÜSE

Für 2 Personen — Zubereitung: 5 Minuten, plus 20 Minuten Garen

ZUTATEN

2 TL Fünf-Gewürze-Pulver • 2 TL Meersalzflocken

2 Entenbrustfilets mit Haut, abgespült und abgetrocknet

2 Stauden Pak choi • 100 g Brokkoliröschen

2 TL Sesamöl • 2 TL Sesamsamen

K *Kohlenhydrate: 5,2 g pro Portion*

Gewürzpulver und Salz mischen, die Haut der Filets damit einreiben. Eine Pfanne bei mittlerer Hitze heiß werden lassen. Die Filets mit der Haut nach unten darin 6–8 Minuten braten, bis die Haut knusprig ist. Wenden und von der anderen Seite 4–5 Minuten braten. Aus der Pfanne nehmen und einige Minuten ruhen lassen. Inzwischen Pak choi, Brokkoli und Sesamöl in die Pfanne geben. Mit Sesam bestreuen und kurz braten, bis das Gemüse zusammenfällt. Die Filets in Scheiben schneiden und mit dem Gemüse servieren.

BRATHÄHNCHEN MIT BABYGEMÜSE

Für 4 Personen — Zubereitung: 5 Minuten, plus 1 Stunde 10 Minuten Garen

ZUTATEN

1 Poularde (1,5 kg), abgespült und abgetrocknet • 50 g Butter, gewürfelt
1 EL Olivenöl • Salz • 2 Bund junge Möhren, geschält
1 mittelgroße Mairübe oder Steckrübe, geschält und gewürfelt

ⓚ *Kohlenhydrate: 6,41 g pro Portion*

Den Backofen auf 190 °C vorheizen. Die Haut der Poularde anheben und 25 g Butter darunter verteilen. Die Poularde in einen Bräter legen, mit Öl beträufeln, salzen und im Ofen 1 Stunde garen. Zur Probe mit einem spitzen Messer ins Fleisch stechen. Tritt klarer Saft aus, ist die Poularde gar. Kurz ruhen lassen. Inzwischen Möhren und Rübe im Dampf bissfest garen. Die restliche Butter (25 g) schmelzen und das Gemüse darin schwenken. Die Poularde in vier Portionen teilen und mit dem Gemüse servieren.

GESCHMORTE LAMMKEULE

Für 2 Personen — Zubereitung: 5 Minuten, plus 1 Stunde 40 Minuten Garen

ZUTATEN

25 g Butter • 2 Lammkeulen • ½ Zwiebel, in Ringe geschnitten
250 ml Rotwein • 500 ml Rinderbrühe • 200 g stückige Tomaten (aus der Dose)
2 Zweige Rosmarin • Salz • Pfeffer • 200 g Blumenkohl

ⓚ *Kohlenhydrate: 21,7 g pro Portion*

Den Backofen auf 160 °C vorheizen. In einem Bräter 10 g Butter erhitzen und das Fleisch darin anbräunen. Die Zwiebel zugeben und goldbraun braten. Wein, Brühe, Tomaten und Rosmarin zufügen. Salzen, pfeffern und abgedeckt im Ofen 1 Stunde garen. Dann offen 20–30 Minuten weitergaren, bis die Sauce andickt. Den Blumenkohl im Mixer reiskorngroß zerkleinern. Die restliche Butter (15 g) erhitzen und den Kohl darin 1–2 Minuten braten.
Zum Fleisch servieren.

DORADE MIT RAHMSPINAT

Für 2 Personen — Zubereitung: 5 Minuten, plus 10 Minuten Garen

ZUTATEN

1 EL Olivenöl • 2 Knoblauchzehen, gerieben

100 g Blattspinat, harte Stiele entfernt, Blätter grob gehackt

60 g Sahne • Salz • Pfeffer • 2 Doradenfilets

Ⓚ *Kohlenhydrate: 8,12 g pro Portion*

In einem großen Topf ½ EL Öl erhitzen und Knoblauch und Spinat darin 1–2 Minuten garen. Die Sahne zugießen, salzen und pfeffern. Den Spinat köcheln lassen, bis er zusammenfällt und die Sauce cremig ist. Inzwischen die Fischfilets mit Salz und Pfeffer würzen. Das restliche Öl (½ EL) in einer Pfanne erhitzen und die Filets darin von jeder Seite 3–4 Minuten braun braten. Mit dem Spinat servieren.

FAJITAS MIT SAUREM GEMÜSE

Für 2 Personen — Zubereitung: 15 Minuten, plus 15–30 Minuten Marinieren und 15 Minuten Garen

ZUTATEN

abgeriebene Schale und Saft von 1 Bio-Limette
2 EL Worcestersauce • 1 TL Paprikapulver • 1 TL Chiliflocken
2 durchwachsene Steaks (etwa 400 g, z. B. Kronfleisch)
4–6 Blätter Eisbergsalat • 4 EL eingelegtes Gemüse (s. S. 126)

K *Kohlenhydrate: 12,9 g pro Portion*

Limettenschale und -saft, Worcestersauce, Paprikapulver und Chiliflocken in einer Schüssel verrühren. Das Fleisch damit einreiben und abgedeckt im Kühlschrank 15–30 Minuten marinieren. Eine Grillpfanne stark erhitzen. Die Steaks darin von jeder Seite einige Minuten braten, bis das Fleisch innen noch rosa ist. Aus der Pfanne nehmen, einige Minuten ruhen lassen, dann in Streifen schneiden. Mit Salat und eingelegtem Gemüse servieren.

HÄHNCHENTOPF

Für 2 Personen — Zubereitung: 10 Minuten, plus 25 Minuten Garen

ZUTATEN

1 EL Olivenöl • 1 kleine rote Zwiebel, geviertelt
2 Hähnchenoberkeulen ohne Knochen • 125 ml Weißwein
1 Zweig Rosmarin, in kleine Stücke gebrochen • 125 ml Hühnerbrühe
100 g Artischockenherzen (aus der Dose) • 50 g junger Schwarzkohl
Salz • Pfeffer • 125 g saure Sahne (18 % Fett oder Schmand, zimmerwarm)

K *Kohlenhydrate: 12,97 g pro Portion*

Das Öl in einer hohen Pfanne erhitzen und die Zwiebel darin bei mittlerer Hitze 3–4 Minuten anbraten. Das Fleisch zugeben und anbraten, bis die Haut bräunt. Mit Wein ablöschen, den Rosmarin zufügen und aufkochen. Brühe, Artischocken und Schwarzkohl einrühren. Mit Salz und Pfeffer würzen und abgedeckt 5 Minuten köcheln lassen, bis das Fleisch gar ist. Dann offen einige Minuten weiterköcheln, bis die Sauce andickt. Zuletzt bei schwacher Hitze die saure Sahne unterziehen und servieren.

KRÄUTERBRATEN MIT KÜRBIS

Für 4 Personen — Zubereitung: 10 Minuten, plus 1¼ Stunden Garen

ZUTATEN

1 kg Schweinerollbraten ohne Knochen • Salz
40 g Butter • 15 g Petersilie, gehackt • 2 Knoblauchzehen, fein gewürfelt
1 Stange Staudensellerie (50 g), fein gewürfelt
25 g Walnusskerne, gehackt • 250 g Kürbis, gewürfelt

AUSSERDEM: Küchengarn

Ⓚ *Kohlenhydrate: 12,3 g pro Portion*

Den Backofen auf 220 °C vorheizen. Die Schwarte des Bratens anritzen und mit Salz einreiben. Butter, Petersilie, Knoblauch, Sellerie und Nüsse mischen. Die Fleischseite damit bestreichen, den Braten aufrollen und mit Küchengarn binden. Im Ofen garen, bis die Schwarte knusprig ist. Dann bei 180 °C 30 Minuten weitergaren, dabei regelmäßig mit dem Bratensatz begießen. Den Kürbis zugeben, salzen und 30–40 Minuten mitgaren. Fleisch und Kürbis dabei immer wieder mit Bratensatz begießen. Kurz ruhen lassen und servieren.

BLUMENKOHL-PIZZA

Für 2 Personen – Zubereitung: 5 Minuten, plus 30 Minuten Garen

ZUTATEN

1 TL Olivenöl • 400 g Blumenkohl, in Röschen geteilt • 1 Ei
100 g gemischter Käse (z. B. Parmesan und Mozzarella), gerieben
½ TL getrockneter Oregano • Salz • Pfeffer
2 EL passierte Tomaten (aus der Packung) • 5–6 Basilikumblätter

K *Kohlenhydrate: 15,18 g pro Portion*

Den Backofen auf 200 °C vorheizen, ein Backblech mit Backpapier belegen und mit Öl bepinseln. Den Blumenkohl im Mixer reiskorngroß zerkleinern. Dann 8–10 Minuten dünsten, auf einem Küchentuch abkühlen lassen und gründlich ausdrücken. Blumenkohl, Ei, 50 g Käse und Oregano mischen. Die Masse mit Salz und Pfeffer würzen und auf dem Blech zu einem Pizzaboden formen. Im Ofen 10 Minuten backen. Tomaten, restlichen Käse (50 g) und Basilikum auf dem Boden verteilen und die Pizza in 6–7 Minuten fertig backen.

LACHS MIT SOBA-NUDELN

Für 2 Personen — Zubereitung: 5 Minuten, plus 15 Minuten Garen

ZUTATEN

2 Lachsfilets • 1 rote Chilschote, in Ringe geschnitten
1 Stück Ingwer (5 cm), geschält und gerieben • 1 EL Sojasauce
1 TL Agavendicksaft • Saft von 1 Limette • 150 g Soba-Nudeln
100 g Edamame (Sojabohnen) • 2 TL schwarze Sesamsamen

Ⓚ *Kohlenhydrate: 27,75 g pro Portion*

Den Backofen auf 160 °C vorheizen. Einen großen Bogen Alufolie auf einem Backblech ausbreiten und den Lachs darauflegen. Mit Chili und Ingwer einreiben, mit Sojasauce, Agavendicksaft und Limettensaft beträufeln. Den Lachs in die Folie wickeln und im Ofen 10–12 Minuten garen. Inzwischen die Nudeln nach Packungsangabe garen. Die Edamame 1–2 Minuten vor Garzeitende zugeben und mitgaren. Dann abgießen. Nudeln und Lachs auf zwei Tellern anrichten, mit dem Garfond beträufeln und mit Sesam bestreuen.

KREOLISCHER LACHS MIT ANANAS

Für 2 Personen — Zubereitung: 10 Minuten, plus 1 Stunde Marinieren und 10 Minuten Garen

ZUTATEN
2–3 EL Olivenöl • 2 EL kreolische Jerk-Würzmischung
2 Lachsfilets ohne Haut • 2 Scheiben frische Ananas
40 g Rucola • 2 EL grüne Sauce (s. S. 136)

K *Kohlenhydrate: 10,36 g pro Portion*

Öl und Würzmischung verrühren. Lachs und Ananas mit der Paste bestreichen und getrennt im Kühlschrank mindestens 1 Stunde oder über Nacht marinieren. Eine Pfanne bei mittlerer Hitze heiß werden lassen. Lachs und Ananas darin von jeder Seite 3–4 Minuten braten. Mit dem Rucola auf zwei Tellern anrichten, mit grüner Sauce beträufeln und servieren.

ROASTBEEF MIT MEERRETTICH

Für 2 Personen — Zubereitung: 10 Minuten, plus 45 Minuten Garen

ZUTATEN
500 g Sirloin-Steak • 2 EL Olivenöl • Salz • Pfeffer
250 g saure Sahne (18 % Fett oder Schmand)
1 gehäufter EL Meerrettich (aus dem Glas)
5 Halme Schnittlauch, gehackt • 150 g junge Erbsen

K *Kohlenhydrate: 7,4 g pro Portion*

Den Backofen auf 200 °C vorheizen. Das Fleisch in einen Bräter legen, mit Öl beträufeln und kräftig mit Salz und Pfeffer würzen. Im Ofen 40–45 Minuten garen. Inzwischen saure Sahne, Meerrettich, Schnittlauch und 1 Prise Salz in einem Rührbecher vermischen. Dann mit einem Handrührgerät aufschlagen. Die Erbsen im Dampf garen. Das Fleisch in Scheiben schneiden und mit Erbsen und Meerrettichsahne servieren.

HÄHNCHEN-SCHINKEN-PÄCKCHEN

Für 2 Personen — Zubereitung: 5 Minuten, plus 25 Minuten Garen

ZUTATEN

2 Hähnchenbrustfilets ohne Haut • 6 Scheiben luftgetrockneter Schinken
8–10 kleine Rispentomaten • 2 TL Olivenöl • Salz • Pfeffer
100 g grüne Bohnen, geputzt

K *Kohlenhydrate: 5,83 g pro Portion*

Den Backofen auf 160 °C vorheizen. Die Filets mit je 3 Scheiben Schinken umwickeln. Filets und Tomaten in einen Bräter legen, mit Öl beträufeln und kräftig mit Salz und Pfeffer würzen. Im Ofen 20–25 Minuten garen. Zur Probe mit einem spitzen Messer ins Fleisch stechen. Tritt klarer Saft aus, ist es gar. Inzwischen die Bohnen im Dampf garen. Das Fleisch aus dem Ofen nehmen und einige Minuten ruhen lassen. Mit Tomaten und Bohnen servieren.

SPARERIBS MIT SELLERIESALAT

Für 2 Personen — Zubereitung: 10 Minuten, plus 1 Stunde Marinieren und 2½ Stunden Garen

ZUTATEN

2 Stücke Schweinerippen (Spareribs, etwa 500 g)

125 ml scharfe Chipotle-Sauce (am besten zuckerfrei) • 2 EL Crème fraîche

1 Handvoll Petersilie (5 g), fein gehackt • Saft von ½ Zitrone

¼ Sellerieknolle, geschält und in Stifte geschnitten • Salz • Pfeffer

Ⓚ *Kohlenhydrate: 7,36 g pro Portion*

Das Fleisch mit Chipotle-Sauce einreiben. In einen Bräter legen, mit Alufolie abdecken und 1 Stunde im Kühlschrank marinieren. Den Backofen auf 150 °C vorheizen. 1 EL Wasser in den Bräter geben und das Fleisch abgedeckt im Ofen 2–2½ Stunden garen, bis es sich vom Knochen löst. Inzwischen Crème fraîche, Petersilie und Zitronensaft verrühren und mit dem Sellerie mischen. Den Salat mit Salz und Pfeffer abschmecken und zu den Spareribs servieren.

GEGRILLTE GARNELENSPIESSE

Für 2 Personen — Zubereitung: 15 Minuten, plus 5 Minuten Grillen

ZUTATEN
16 rohe Garnelen, geschält, das Schwanzsegment belassen
1 EL milde Chilisauce • 1 Avocado, geschält, entsteint und gewürfelt
10 g Koriandergrün • Saft von 1 Limette • ½ rote Chilischote, fein gewürfelt
100 g Kirschtomaten, geviertelt • 1 EL Olivenöl
AUSSERDEM: 4 Bambusspieße, 30 Minuten in Wasser eingeweicht

K *Kohlenhydrate: 13,65 g pro Portion*

Die Garnelen mit Chilisauce einreiben und zum Marinieren beiseitestellen. Inzwischen Avocado, Koriander, Limettensaft, Chili und Tomaten in einer Schüssel vermischen. Je 4 Garnelen auf einen Spieß ziehen. Den Grill oder eine große Pfanne erhitzen. Grillrost oder Pfanne einölen und die Spieße von jeder Seite 2 Minuten grillen oder braten, bis die Garnelen gar sind. Sofort mit der Salsa servieren.

LAMMKOTELETTS MIT ZUCCHINI

Für 2 Personen — Zubereitung: 5 Minuten, plus 1–2 Stunden Marinieren und 10 Minuten Garen

ZUTATEN

4 Lammkoteletts • 2 TL libanesische Sieben-Gewürze-Mischung
2 EL Olivenöl • 1 mittelgroße Zucchini
3 Zweige Thymian, abgezupft • Salz • Pfeffer

ⓚ *Kohlenhydrate: 3,3 g pro Portion*

Das Fleisch mit der Würzmischung einreiben und abgedeckt 1–2 Stunden oder über Nacht marinieren. Eine Pfanne stark erhitzen. 1 EL Öl hineingeben und das Fleisch darin von jeder Seite einige Minuten bis zum gewünschten Gargrad braten. Inzwischen die Zucchini mit einem Sparschäler in Streifen schneiden. Das restliche Öl (1 EL) in einer zweiten Pfanne erhitzen. Zucchini mit dem Thymian darin unter Rühren garen. Salzen, pfeffern und zu den Koteletts servieren.

SCHNELLE GEMÜSEPFANNE

Für 1 Person — Zubereitung: 10 Minuten, plus 10 Minuten Rösten

ZUTATEN

2 Blätter Schwarzkohl, Stiele entfernt und Blätter grob gehackt • 3 TL Olivenöl
Salz • Pfeffer • 6 Stangen Spargel • ½ rote Paprikaschote, in Streifen geschnitten
1 Mini-Aubergine, längs geviertelt • ¼ rote Zwiebel, geviertelt
10 g glatte Petersilie

K *Kohlenhydrate: 17,85 g pro Portion*

Den Backofen auf 180 °C vorheizen, ein Backblech mit Backpapier belegen. Den Schwarzkohl mit 1 TL Öl einreiben, mit Salz und Pfeffer würzen und auf das Blech legen. Im Ofen in 10 Minuten knusprig rösten. Inzwischen Spargel, Paprika, Aubergine, Zwiebel, Petersilie und restliches Öl (2 EL) mischen. Salzen, pfeffern und 5–10 Minuten marinieren. Eine Grillpfanne stark erhitzen. Das Gemüse darin portionsweise von beiden Seiten braten, bis es weich und gebräunt ist. Mit dem Grünkohl servieren.

AUBERGINEN-SPINAT-AUFLAUF

Für 2 Personen — Zubereitung: 5 Minuten, plus 20 Minuten Garen

ZUTATEN

200 g Aubergine, in Scheiben geschnitten • 75 g Spinat, Stiele entfernt und Blätter grob gehackt • ½ rote Zwiebel, in Ringe geschnitten
Salz • Pfeffer • 125 g Sahne • 35 g Parmesan, gerieben
AUSSERDEM: Auflaufform (20 cm lang) • Butter für die Form

K *Kohlenhydrate: 12,02 g pro Portion*

Den Backofen auf 180 °C vorheizen, die Form mit Butter einfetten. Aubergine, Spinat und Zwiebel in die Form schichten. Kräftig mit Salz und Pfeffer würzen und die Sahne darübergießen. Mit Parmesan bestreuen und im Ofen 20 Minuten garen, bis das Gemüse weich und der Käse goldbraun ist.

RINDERSCHMORTOPF

Für 2 Personen – Zubereitung: 15 Minuten, plus 1¼ Stunden Garen

ZUTATEN

40 g Butter • 600 g mageres Rindergulasch
100 g kleine Champignons, in Scheiben geschnitten
250 ml Rinderbrühe • 1 EL Worcestersauce • 1 EL Tomatenmark • Salz • Pfeffer
100 g Süßkartoffel, geschält und gewürfelt

K *Kohlenhydrate: 15,5 g pro Portion*

In einem großen Topf 20 g Butter erhitzen und das Fleisch darin braun anbraten. Die Pilze einige Minuten mitbraten. Brühe, Worcestersauce und Tomatenmark einrühren. Mit Salz und Pfeffer würzen und bei schwacher Hitze abgedeckt 1 Stunde köcheln lassen, bis das Fleisch weich ist. Dabei immer wieder umrühren und bei Bedarf etwas Brühe nachgießen. Danach offen weiterköcheln lassen, bis die Sauce andickt. Inzwischen die Süßkartoffel weich dünsten. Die restliche Butter (20 g) zugeben und mit einem Kartoffelstampfer zerdrücken. Das Püree salzen und zum Gulasch servieren.

SNACKS

Sie machen um hochverarbeitete, kohlenhydratreiche Lebensmittel lieber einen Bogen? Gut so! Trotzdem müssen Sie nicht auf Snacks und kleine Leckereien verzichten. Eine Handvoll Beeren, Nüsse oder Kerne können Sie zwischendurch immer knabbern. Oder Sie verwöhnen sich mit selbst gemachten Crackern, Dips und süßen Köstlichkeiten.

Eingelegtes Gemüse • Melone mit Schinken
Beef Jerky • Forellenterrine
Gurkenschiffchen mit Ente • Grüne Sauce
Schoko-Kokos-Makronen • Marinierter Feta
Honig-Nuss-Riegel • Apfel-Frucht-Streifen
Zaziki • Chia-Chili-Cracker
Pikante Seetang-Chips
Würzige Edamame-Bohnen
Pikante Tofu-Sticks • Baba Ganoush mit Paprika

EINGELEGTES GEMÜSE

Ergibt 10 Portionen – Zubereitung: 10 Minuten, plus 2–8 Stunden Marinieren

ZUTATEN

4–5 längliche Radieschen • 1 mittelgroße Möhre • 1 Gurke
1 rote Zwiebel • 1–2 Stängel Dill oder Fenchelgrün
100 ml Weißweinessig • 3 EL Meersalzflocken
AUSSERDEM: Einmachglas (1 l Inhalt)

Ⓚ *Kohlenhydrate: 2 g pro Portion*

Radieschen, Möhre und Gurke waschen. Gemüse und Zwiebel in dünne Scheiben hobeln oder schneiden und mit dem Dill in das Glas schichten. Essig und Salz verrühren und über das Gemüse gießen. Das Glas verschließen, gut schütteln und 2 Stunden in den Kühlschrank stellen. Dabei jede Stunde schütteln. Jetzt das Gemüse probieren. Schmeckt es zu stark nach Essig, noch länger ziehen lassen (es schmeckt am besten nach 8 Stunden).
Im Kühlschrank bis zu 3 Wochen haltbar.

MELONE MIT SCHINKEN

Für 2 Personen – Zubereitung: 5 Minuten

ZUTATEN

300 g Cantaloupe-Melone, geschält, entkernt und in Spalten geschnitten
100 g luftgetrockneter Schinken, in Scheiben geschnitten
30 g Brunnenkresse, dicke Stängel entfernt • Salz • Olivenöl zum Beträufeln

Ⓚ *Kohlenhydrate: 12,19g pro Portion*

Die Melonenspalten jeweils mit einem Streifen Schinken umwickeln.
Die Brunnenkresse auf zwei Teller verteilen und die Melonen darauf anrichten.
Mit etwas Salz bestreuen und mit Olivenöl beträufelt servieren.

BEEF JERKY

Für 2 Personen — Zubereitung: 10 Minuten, plus 4–12 Stunden Marinieren und 4 Stunden Trocknen

ZUTATEN

250 g Rinderbraten (Schild oder Kamm), in dünne Scheiben oder Streifen geschnitten • 1 Frühlingszwiebel, in Ringe geschnitten
2 EL Teriyakisauce • 3 Scheiben Ingwer • 1 TL Chiliflocken
AUSSERDEM: Zip-Beutel

Ⓚ *Kohlenhydrate: 4,2 g pro Portion*

Fleisch, Frühlingszwiebel, Teriyakisauce, Ingwer und Chili in den Beutel geben, verschließen und gut schütteln. Im Kühlschrank 4–12 Stunden marinieren. Den Backofen auf 120 °C vorheizen, ein Backblech mit Backpapier belegen. Das Fleisch sorgfältig mit Küchenpapier trocken tupfen und auf dem Blech ausbreiten. Im Ofen 3–4 Stunden trocknen, bis das Fleisch gerade noch biegsam ist ohne zu brechen. Dabei den Gargrad regelmäßig prüfen. In einer luftdicht schließenden Dose aufbewahren.

FORELLENTERRINE

Für 2 Personen — Zubereitung: 5 Minuten, plus 30–40 Minuten Kühlen

ZUTATEN

60 g Hüttenkäse (körniger Frischkäse) • 1 EL Mayonnaise
1 TL Meerrettich (aus dem Glas) • 1 Stängel Dill, Spitzen abgezupft
abgeriebene Schale und Saft von ½ Bio-Zitrone • Salz • Pfeffer
80 g geräuchertes Forellenfilet

Ⓚ *Kohlenhydrate: 2,62 g pro Portion*

Hüttenkäse, Mayonnaise, Merrettich, Dill, Zitronenschale und -saft in einer Schüssel verrühren. Mit Salz und Pfeffer abschmecken. Den Fisch zerpflücken und vorsichtig unterheben. Die Creme in zwei Schälchen füllen, mit Frischhaltefolie abdecken und 30–40 Minuten kühlen. Die Terrine mit Salat oder Gemüsesticks servieren.

GURKENSCHIFFCHEN MIT ENTE

Für 2 Personen – Zubereitung: 15 Minuten, plus 1½ Stunden Garen

ZUTATEN

1 Entenkeule • 1 EL Hoisinsauce
½ Zwiebel, geviertelt • 1 Knoblauchzehe, halbiert • 2 EL Hühnerbrühe
1 EL Olivenöl • Salz • Pfeffer • 2 Mini-Gurken

(K) *Kohlenhydrate: 9,6 g pro Portion*

Den Backofen auf 140 °C vorheizen. Die Entenkeule mit Hoisinsauce einreiben und mit Zwiebel, Knoblauch, Brühe und Öl in einer ofenfesten Form mischen. Mit Salz und Pfeffer würzen und im Ofen in 1½ Stunden weich garen. Abkühlen lassen. Inzwischen die Gurken längs halbieren und die Kerne herausschaben. Das Fleisch mit zwei Gabeln zerpflücken und mit dem Garsud beträufeln. Die Gurkenschiffchen mit je 1 EL Fleisch füllen und servieren.

GRÜNE SAUCE

Ergibt 250 g – Zubereitung: 5 Minuten

ZUTATEN

1 Bund Minze (30 g) • 1 Bund Petersilie (30 g) • 2 EL Kapern
1 gehäufter TL Dijonsenf • Saft von ½ Zitrone
2 TL Weißweinessig • Salz • Pfeffer • 60–125 ml Olivenöl

Ⓚ *Kohlenhydrate: 0,88 g pro EL*

Kräuter, Kapern, Senf, Zitronensaft, Essig, Salz und Pfeffer im Mixer cremig pürieren. Dabei langsam Öl zugießen, bis die gewünschte Konsistenz erreicht ist. Die Sauce zimmerwarm zu Fleisch, als Dip für Gemüse oder als Brotaufstrich zu Käse servieren. Im Kühlschrank bis zu 3 Wochen haltbar.

SCHOKO-KOKOS-MAKRONEN

Ergibt 15 Stück – Zubereitung: 10 Minuten, plus 8–10 Minuten Backen

ZUTATEN

4 Eiweiß • 1 Prise Salz

60 g Butter • 2 EL Kakaopulver • 4 g Stevia

150 g Kokosraspel

Ⓚ *Kohlenhydrate: 2,36 g pro Makrone*

Den Backofen auf 180 °C vorheizen, ein Backblech mit Backpapier belegen. Die Eiweiße mit Salz steif schlagen. Die Butter in einem kleinen Topf zerlassen, dann Kakao und Stevia unterrühren. Schokobutter und Kokosraspel unter den Eischnee heben. Von der Masse esslöffelgroße Portionen abnehmen und auf das Blech setzen. Im Ofen in 8–10 Minuten goldbraun backen.

MARINIERTER FETA

Für 1 Glas – Zubereitung: 1 Stunde, plus 24 Stunden Abtropfen

ZUTATEN

250 g griechischer Joghurt • ½ TL Meersalzflocken • 130 ml Olivenöl
65 ml Pflanzenöl • 1 rote Chilischote, in Scheiben geschnitten
1 Zweig Rosmarin, in Stücke gebrochen
1 Knoblauchzehe, in Scheiben geschnitten
AUSSERDEM: sterilisiertes Schraubglas (250 ml Inhalt), Käseleinen

(K) *Kohlenhydrate: 16 g pro Glas*

Ein Sieb mit Käseleinen auslegen und auf eine Schüssel stellen. Joghurt und Salz verrühren, in das Sieb geben und mit einem Teller abdecken. Im Kühlschrank 24 Stunden abtropfen lassen, bis der Joghurt fest ist. Beide Öle mischen und mit Chili, Rosmarin und Knoblauch in das Glas füllen. Aus der Joghurtmasse kleine Kugeln formen und ins Glas schichten. Das Glas verschließen und in den Kühlschrank stellen. Der Feta schmeckt nach 48 Stunden am besten und ist etwa 1 Monat haltbar.

HONIG-NUSS-RIEGEL

Ergibt 10 Stück — Zubereitung: 20 Minuten, plus 30 Minuten Backen

ZUTATEN
50 g Pekannüsse, grob gehackt • 70 g Macadamianüsse, grob gehackt
50 g Mandelblättchen • 35 g Chiasamen • 35 g Sesamsamen
½ TL Meersalzflocken • 40 g Honig • 1 EL Butter
AUSSERDEM: quadratische Back- oder Auflaufform (20 x 20 cm)

K *Kohlenhydrate: 5,34 g pro Riegel*

Den Backofen auf 180 °C vorheizen, die Form mit Backpapier auslegen. Nüsse, Mandeln, Samen und Salz in einer Schüssel mischen. Honig mit Butter schmelzen, über den Nussmix gießen und gut unterrühren. Die Masse in die Form füllen, mit einem Löffelrücken festdrücken und im Ofen 20 Minuten backen. Erst 30 Minuten abkühlen lassen, dann aus der Form lösen und ganz auskühlen lassen. Die Platte in 10 Riegel schneiden und servieren oder in einer luftdicht schließenden Dose aufbewahren.

APFEL-FRUCHT-STREIFEN

Ergibt 8–10 Stück – Zubereitung: 1 Stunde, plus 2–2½ Stunden Trocknen

ZUTATEN

175 g Erdbeeren oder Himbeeren • 110 g Apfelmus (ungezuckert)

2 TL Zitronensaft

ⓚ *Kohlenhydrate: 3,55 g pro Streifen*

Den Backofen auf 60–80 °C vorheizen, ein Backblech (30 x 20 cm) mit Backpapier belegen. Beeren, Apfelmus und Zitronensaft im Mixer cremig pürieren. Das Püree auf das Blech gießen und 3–4 mm dick zu einem Rechteck verstreichen. Im Ofen 2–2½ Stunden trocknen, bis das Püree fest ist. Mit einer Schere in 3–4 cm breite Streifen schneiden. In Butterbrotpapier wickeln und in einer luftdicht schließenden Dose aufbewahren.

ZAZIKI

Für 2 Personen - Zubereitung: 5 Minuten

ZUTATEN
250 g griechischer Joghurt • 1 Gurke, geschält und geraspelt
1 Knoblauchzehe, gerieben • 1 EL Olivenöl • Saft von 1 Zitrone • Salz • Pfeffer

Ⓚ *Kohlenhydrate: 13,23 g pro Portion*

Joghurt, Gurke, Knoblauch, Öl und Zitronensaft in einer Schüssel verrühren.
Das Zaziki mit Salz und Pfeffer abschmecken und servieren.

CHIA-CHILI-CRACKER

Ergibt etwa 20 Stück – Zubereitung: 10 Minuten, plus 10 Minuten Quellen und 55 Minuten Backen

ZUTATEN

60 g Samen-Kerne-Mix (Leinsamen, Sonnenblumenkerne, Mandeln), grob gemahlen • 65 g Sesamsamen • 75 g schwarze Chiasamen 80 g Leinsamen • 2 TL Tamari • 1 TL Cayennepfeffer

Ⓚ *Kohlenhydrate: 2,67 g pro Cracker*

Den Backofen auf 160 °C vorheizen, ein Backblech mit Backpapier belegen. Samen-Kerne-Mix und Samen mischen. Tamari mit 225 ml Wasser verrühren und sorgfältig untermischen. Alles 10 Minuten quellen lassen, dann nochmals umrühren. Den Mix 5 mm dick auf das Blech streichen und mit einem Löffelrücken festdrücken. Im Ofen 30 Minuten backen, dann in Rechtecke schneiden. Diese wenden und in 20–25 Minuten knusprig backen.

PIKANTE SEETANG-CHIPS

Für 2 Personen — Zubereitung: 5 Minuten, plus 15 Minuten Rösten

ZUTATEN

4 Nori-Blätter • 2 TL Meersalzflocken

2 TL Cayennepfeffer • 2 EL Sesamsamen

2 TL geröstetes Sesamöl • 1 TL Olivenöl

K *Kohlenhydrate: 1 g pro Nori-Blatt*

Den Backofen auf 140 °C vorheizen. Die Nori-Blätter mit einer Schere in Stücke schneiden und auf einem Backblech verteilen. Salz, Cayennepfeffer und Sesam mischen. Die Nori-Stücke dünn mit beiden Ölen bepinseln und mit der Würzmischung bestreuen. Im Ofen 15 Minuten trocken und knusprig rösten (dabei werden die Nori dunkler). Abkühlen lassen und servieren.

WÜRZIGE EDAMAME-BOHNEN

Für 4 Personen – Zubereitung: 5 Minuten, plus 5 Minuten Garen

ZUTATEN

300 g Edamame (Sojabohnen) in den Hülsen (frisch oder TK)
1 EL Meersalzflocken • ½ TL Cayennepfeffer
1 EL schwarze Sesamsamen

ⓚ *Kohlenhydrate: 10 g pro 100 g*

Die Edamame 5 Minuten im Dampf garen. Inzwischen Salz, Cayennepfeffer und Sesam in einer großen Schüssel mischen. Die gegarten Bohnen zugeben und sorgfältig mit den Gewürzen mischen. Heiß servieren.

PIKANTE TOFU-STICKS

Für 2 Personen — Zubereitung: 10 Minuten, plus 10 Minuten Garen

ZUTATEN

1 EL Speisestärke • ¼ TL Meersalzflocken

¼ TL gemahlener schwarzer Pfeffer

200 g Tofu, in fingerdicke Stäbchen geschnitten • 1 EL Pflanzenöl

2 EL Sojasauce • Saft von ½ Zitrone

Ⓚ *Kohlenhydrate: 8,5 g pro Portion*

Speisestärke, Salz und Pfeffer in einer Schüssel mischen. Den Tofu darin wenden, bis er rundum dünn damit überzogen ist. Das Öl in einer Pfanne erhitzen und den Tofu darin portionsweise rundum goldbraun braten. Auf Küchenpapier abtropfen und etwas abkühlen lassen. Sojasauce und Zitronensaft verrühren und als Dip zu den Tofu-Sticks servieren.

BABA GANOUSH MIT PAPRIKA

Für 4 Personen — Zubereitung: 5 Minuten, plus 25 Minuten Garen

ZUTATEN

1 mittelgroße Aubergine • 1 rote Paprikaschote

2 Knoblauchzehen, geschält • 1 Handvoll Petersilie (5 g), Blätter gehackt

Saft von ½ Zitrone • ½ TL geräuchertes Paprikapulver

2 EL Tahin (Sesampaste)

Ⓚ *Kohlenhydrate: 8,85 g pro 100 g*

Den Backofen auf 180 °C vorheizen. Aubergine, Paprika und Knoblauch über einem Gasgrill rösten, bis die Haut schwarze Blasen wirft. Alles auf ein Backblech legen und im Ofen 15 Minuten garen. Herausnehmen, Aubergine und Paprika häuten. Gemüse, Knoblauch, Petersilie, Zitronensaft, Paprikapulver und Tahin im Mixer cremig pürieren, anschließend servieren.

REGISTER

Die Rezepttitel sind jeweils kursiv gesetzt.

A
Acaipulver 26
Acai-Smoothie-Bowl 26
Agavendicksaft 104
Amaranth 42
Ananas 106
Apfel 16, 28, 144
Apfel-Frucht-Streifen 144
Apfel-Leinsamen-Muffins 16
Artischockenherzen 98
Aubergine 64, 118, 120, 156
Aubergine, gefüllte 64
Auberginen-Spinat-Auflauf 120
Avocado 46, 48, 68, 70, 114

B
Baba Ganoush mit Paprika 156
Basilikum 50, 66, 102
Beef Jerky 130
Beeren 11, 26
Birne 84
Blattgemüse 70
Blattsalat 22, 76, 96
Blumenkohl 92, 102
Blumenkohl-Pizza 102
Bohnen, grüne 32, 86, 110
Bohnen, weiße 74
Brathähnchen mit Babygemüse 90
Bresaola 52
Bresaola mit Fenchel & Orange 52
Brokkoli 32, 70, 88
Brunnenkresse 128
Butter 16, 34, 36, 42, 90, 92, 100, 122, 138, 142

C
Cayennepfeffer 148, 150, 152
Chia-Birchermüsli 28
Chia-Chili-Cracker 148
Chiasamen 24, 28, 142, 148
Chiliflocken 96, 130
Chilisauce 114
Chilischote 74, 76, 104, 114, 140
Chinakohl 68
Chipotle-Sauce 112
Chorizo 30
Crème fraîche 112

D
Dill 126, 132
Dorade 94
Dorade mit Rahmspinat 94
Dukkah 22

E
Edamame 104, 152
Edamame-Bohnen, würzige 152
Eier 16, 30, 32, 34, 36, 38, 40, 102, 138
Eier Benedict mit Lachs 36
Eier, gebackene, mit Chorizo 30
Ente 88, 134
Ente, knusprige, mit Gemüse 88
Erbsen 108
Erdbeeren 20, 24, 144

F
Fajitas mit saurem Gemüse 96
Fenchel 52, 84
Feta 40, 50
Feta, marinierter 140
Forelle 132
Forellenterrine 132
Frischkäse 58
Frühlingszwiebeln 56, 72, 130
Frühstücks-Frittata 40
Frühstückssalat 22
Frühstücksspeck 22, 32, 38, 54, 82

G
Garnelen 114
Garnelenspieße, gegrillte 114

Gemüse, eingelegtes 126
Gemüsepfanne, schnelle 118
Gemüsesuppe, bunte 62
Granatapfel 60
Gurke 46, 60, 126, 134, 146
Gurkenschiffchen mit Ente 134

H
Hackfleischbällchen 76
Hähnchen 56, 80, 86, 90, 98, 110, 134
Hähnchenkeulen mit Bohnen 86
Hähnchen-Schinken-Päckchen 110
Hähnchentopf 98
Halloumi 70
Heidelbeeren 26, 28
Hoisinsauce 134
Honig 42, 80, 142
Honig-Nuss-Riegel 142
Hühnersuppe 56
Hüttenkäse 132

I/J
Ingwer 56, 76, 80, 104, 130
Jerk-Würzmischung 106
Joghurt 16, 18, 20, 24, 28, 140, 146

K
Kakaopulver 138
Kapern 48, 136
Käse 102
Knoblauch 56, 62, 64, 66, 68, 72, 86, 94, 100, 134, 146
Knuspermüsli ohne Getreide 42
Köfte vom Spieß 72
Kokosmehl 16
Kokosraspel 138
Kokoswasser 24
Koriander 56, 72, 76, 114
Kräuterbraten mit Kürbis 100
Kümmel 72
Kürbis 22, 100
Kürbiskerne 22, 28

L
Lachs 36, 104, 106
Lachs, kreolischer, mit Ananas 106
Lachs mit Soba-Nudeln 104
Lammfleisch 72, 92, 116
Lammkeule, geschmorte 92
Lammkoteletts mit Zucchini 116
Leinsamen 16, 28, 148
Limette 96
Limettensaft 60, 104, 114

M
Macadamianüsse 84
Mairübe 90
Mandelmilch 26
Mandeln 16, 28, 42, 148
Mandelblättchen 20, 142
Mango 24
Mayonnaise 48, 68, 132
Meerrettich 108, 132
Melone 128
Melone mit Schinken 128
Milch 38
Minze 32, 40, 132, 50
Möhren 46, 62, 66, 90, 126
Möhrennudeln mit Tomaten 66
Mozzarella 74
Muffins mit Speck & Ei 38

N
Nori-Blätter 46, 150
Nudeln 80, 104
Nüsse 11, 16, 20, 42, 54, 84, 100, 142

O
Oliven 86
Olivenöl 22, 30, 32, 40, 48, 50, 52, 56, 62, 64, 66, 70, 72, 74, 82, 86, 90, 94, 98, 102, 106, 108, 110, 114, 116, 118, 128, 134, 136, 140, 146, 150
Orangen 52
Orangensaft 20, 28
Oregano 102

P
Pak choi 80, 88
Paprika 30, 72, 96
Parmesan 52, 64, 82, 120
Pekannüsse 42, 142
Petersilie 60, 64, 112, 118, 136, 156
Pfirsiche 34
Pilze 56, 82, 122
Pinienkerne 70
Proteinpulver 18, 20

Q
Quinoa 32, 46
Quinoa-Gemüse-Schale 32
Quinoa-Sushi 46

R
Radieschen 126
Restesalat 68
Rhabarber 20
Rhabarber-Erdbeer-Joghurt 20
Ricotta 34
Ricotta-Törtchen mit Pfirsich 34
Rinderschmortopf 122
Rindfleisch 58, 64, 92, 96, 108, 112, 122, 130
Roastbeef mit Meerrettich 108
Roastbeef-Röllchen 58
Rosenkohl 54
Rosenkohlsalat 54
Rosmarin 92, 98, 140
Rucola 52, 58, 106

S
Sahne 40, 82, 94, 120
Sahne, saure 54, 98, 108
Salat, grüner, mit Halloumi 70
Samen-Kerne-Mix 28, 148
Sauce, grüne 136
Schinken 110, 128
Schnittknoblauch 38
Schoko-Kokos-Makronen 138
Schwarzkohl 68, 70, 74, 84, 98, 118
Schwarzkohl mit Mozzarella 74
Schwarzkohl-Fenchel-Salat 84
Schweinefleisch 76, 84, 100
Seetang-Chips, pikante 150
Sellerie 112
Senf 54, 58, 136
Sesamöl 150

Sesamsamen 22, 42, 46, 80, 88, 104, 142, 148, 150, 152
Shirataki-Nudelpfanne 80
Smoothie-Bowl, grüne 24
Sojasauce 56, 76, 80, 104, 154
Sonnenblumenkerne 28, 42, 148
Spareribs mit Selleriesalat 112
Spargel 40, 118
Speisestärke 154
Spinat 24, 26, 30, 36, 40, 62, 70, 94, 120
Staudensellerie 60, 62, 100
Stevia 16, 138
Süßkartoffel 48, 122
Süßkartoffel-Toast 48

T
Tahin 156
Tamari 148
Teriyakisauce 130
Thunfisch 48, 60
Thunfischsalat, schneller 60
Thymian 116
Tofu 154
Tofu-Sticks 154
Tomaten 30, 50, 64, 66, 86, 92, 102, 110, 114
Tomaten, passierte 64, 102
Tomatenmark 122

V/W
Vanille 16, 34
Walnüsse 16, 54, 100
Wassermelone 18, 50
Wassermelonensalat 50
Wassermelonen-Smoothie 18
Wein 92, 98
Worcestersauce 96, 122

Z
Zaziki 146
Ziegenkäse 60
Zitrone 34, 132, 1474, 6
Zitronensaft 22, 36, 68, 112, 132, 136, 144, 154, 156
Zucchini 62, 70, 82, 116
Zucchini-Carbonara 82
Zwiebeln 30, 62, 82, 84, 86, 98, 120, 134

Wie immer geht mein besonderer Dank an Catie Ziller. Herzlichen Dank auch an Kathy und Michelle, mit denen die Arbeit ein Vergnügen war, und an Frances für das fantastische Styling. Und besonders lieben Dank an meine Familie für ihre großartige Unterstützung.

Penguin Random House

Für die englische Ausgabe
Autorin Amelia Wasiliev
Projektleitung Catie Ziller
Projektbetreuung Kathy Steer
Gestaltung und Satz Michelle Tilly
Fotos Beatriz da Costa
Food-Styling Frances Boswell

Für die deutsche Ausgabe
Programmleitung Monika Schlitzer
Redaktionsleitung Caren Hummel
Projektbetreuung Clara Ferschen
Herstellungsleitung Dorothee Whittaker
Herstellungskoordination Arnika Marx
Herstellung Claudia Bürgers
Coverfotos Beatriz da Costa, Dorling Kindersley
(einzelne Tomaten, einzelne Heidelbeeren)

Titel der französischen Originalausgabe:
Low Carb – La Bible

© Hachette Livre (Marabout), Paris, 2017
Alle Rechte vorbehalten
The moral right of the author
has been asserted

© der deutschsprachigen Ausgabe by Dorling Kindersley Verlag GmbH, München, 2017
Ein Unternehmen der
Penguin Random House Group
Alle deutschsprachigen Rechte vorbehalten

Jegliche – auch auszugsweise – Verwertung, Wiedergabe, Vervielfältigung oder Speicherung, ob elektronisch, mechanisch, durch Fotokopie oder Aufzeichnung, bedarf der vorherigen schriftlichen Genehmigung durch den Verlag.

Übersetzung Wiebke Krabbe
Lektorat Petra Teetz

ISBN 978-3-8310-3235-8

Druck und Bindung
Toppan Leefung, China

Besuchen Sie uns im Internet
www.dorlingkindersley.de

Hinweis
Die angegebenen Temperaturen gelten für konventionelle Backöfen mit Ober- und Unterhitze. Beim Backen mit Heißluft- und Umlufthreden müssen Sie die Temperatur um etwa 20 °C reduzieren. Bitte beachten Sie dazu die Gebrauchsanweisung des Backofens. Backen und garen Sie stets in der Ofenmitte. Die Informationen und Ratschläge in diesem Buch sind von der Autorin und vom Verlag sorgfältig erwogen und geprüft, dennoch kann eine Garantie nicht übernommen werden. Eine Haftung der Autorin bzw. des Verlags und seiner Beauftragten für Personen-, Sach- und Vermögensschäden ist ausgeschlossen.

MEHR INSPIRATION BEIM 🍲 KOCHEN

GESUNDE GETRÄNKE
Reinigend und belebend
Tees, Tonics und Detox-Drinks
zum Auftanken und Regenieren
12,95 € (D) / 13,40 € (A)
ISBN 978-3-8310-3281-5

KOKOSÖL
Das vielseitige Superfood
60 Rezepte für Gesundheit
& Schönheit
12,95 € (D) / 13,40 € (A)
ISBN 978-3-8310-3234-1

SMOOTHIE BOWLS
Löffel für Löffel gesund
Über 65 Rezepte für den
ultimativen Nährstoffkick
12,95 € (D) / 13,40 € (A)
ISBN 978-3-8310-3236-5

Weitere großartige Kochbücher unter **www.dorlingkindersley.de**